TIMES 1000 MOTS POUR PARLER

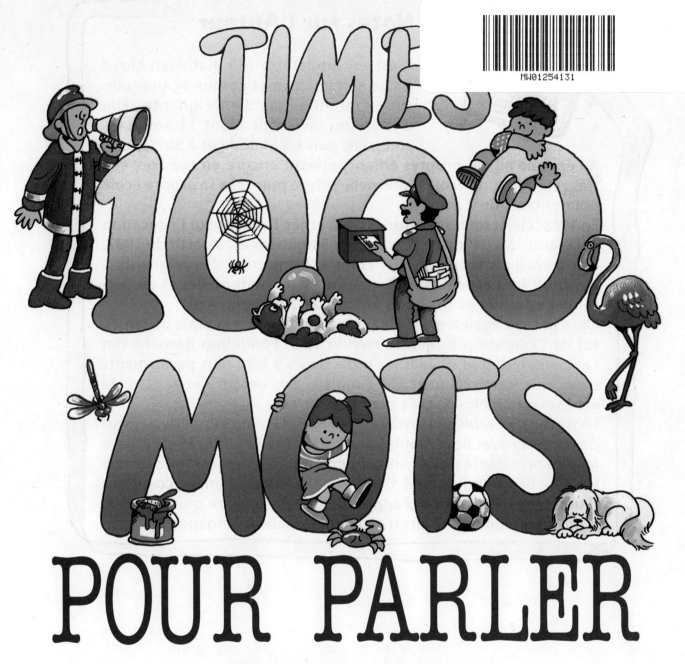

Kathleen Lloyd
Illustré par Paul Yong

Notes sur l'Auteur

C'est en Angleterre que Kathleen Lloyd passa son enfance et commença ensuite son apprentissage d'enseignante. Elle exerça son métier pendant 11 ans, dans son pays, puis en Malésie et à Singapour.

À l'époque où ses propres enfants étaient encore en bas âge, elle travailla dans une école maternelle privée puis créa sa propre école pour enfants de 3 à 5 ans.

En 1986, elle termina ses études de Teacher Trainer pour l'éducation et la santé des enfants à l'Institut de Singapour et, à partir de 1987, elle travailla à temps partiel comme formatrice d'enseignants à l'Institut, formatrice de maîtresses d'écoles maternelles et du personnel attaché aux soins des enfants au Language Arts.

Elle s'occupa également de la formation des enseignants de l'Institut de l'Education/Projet de recherche et Fondation Bernard van Leer: son but était d'aider les professeurs à être plus performants dans leur enseignement de l'anglais aux enfants et à être de véritables modèles anglais pour ces derniers.

Le travail de Kathleen Lloyd avec les petits enfants impliquait aussi de travailler avec des enfants handicapés. Madame Lloyd est actuellement présidente de l'Asian Women's Welfare Association's Centre for Multiply Handicapped Children. Elle est également co-auteur d'une série de matériels d'apprentissage préscolaire qui fait partie d'un programme de 2 ans d'école maternelle à Singapour.

Text © 1992 ELI European Language Institute
Illustrations © 1990 Federal Publications (S) Pte Ltd

Titre de l'édition originale: *Times 1000 Words to Talk About* © 1990 Federal Publications (S) Pte Ltd

Première édition 1992 publiée en collaboration par
ELI European Language Institute
et Federal Publications (S) Pte Ltd

ISBN 88-85148-54-9

Imprimé à Singapour.

SOMMAIRE

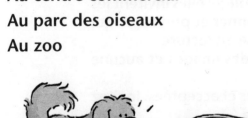

NOTE AUX PARENTS

Pourquoi un "livre pour parler"?

Les enfants aiment voir d'autres enfants occupés aux mêmes activités qui les intéressent eux-mêmes dans leur vie quotidienne; cela les conforte et les rassure.

C'est ainsi que ce livre, avec ses illustrations détaillées et en couleurs de personnes dans des situations familières procure aux enfants de nombreuses heures de plaisir. Ils peuvent retracer "l'histoire" des membres d'une famille, de leurs proches et de leurs amis à travers les illustrations et trouver le nom des objets sur l'illustration principale du livre.

L'ouvrage étant conçu essentiellement comme "un livre pour parler», les illustrations principales de chaque sujet ont été réalisées de façon à inciter les enfants à parler librement de chaque situation, de chaque personne et de chaque objet représenté.

Développer l'habileté des enfants à interpréter les images constitue un pas important vers la lecture et la compréhension des histoires.

L'acquisition d'un vocabulaire parlé, vaste et varié, est l'élément de base nécessaire à un début prometteur en ce qui concerne la facilité de lecture.

Poser des questions:

Dans ce livre, les questions proposées sur chaque sujet invitent les enfants à parler de ce qu'ils voient dans l'illustration principale. Certaines de ces questions trouvent une réponse possible – mais non exclusive – imprimée sur l'image elle-même, au bon endroit.

Ces questions et ces réponses sont données à titre d'exemple aux parents et aux adultes en général; de toute façon, chacun doit se sentir libre de poser ses propres questions et inciter les enfants à s'interroger sur ce qu'ils voient. Surtout, évitez d'utiliser les questions et les réponses comme un test ou une épreuve de lecture.

Certaines questions sont précédées d'un point rouge: elles invitent les enfants à faire preuve d'imagination pour raisonner et prévoir ce qui pourrait se passer – habileté importante requise en lecture.

Les réponses ne sont pas déductibles à partir des images et aucune réponse n'est suggérée.

Des réponses variées devraient être encouragées et acceptées. Invitez délicatement les enfants à justifier leur réponse.

Commencer

Avant toute chose, créez un climat agréable et détendu et permettez à votre enfant de s'exprimer librement en ce qui concerne l'image.

Si votre enfant ne fait pas preuve d'un grand intérêt, commencez en lui posant quelques questions.

Donner le temps à l'enfant de localiser l'objet ou la personne sur l'image et de vous en parler.

Approuvez les réponses de l'enfant puis lisez à haute voix la bonne phrase imprimée sur l'illustration.

Laissez parler votre enfant le plus possible et posez vos questions ou faites évoluer la conversation en fonction de l'intérêt démontré par l'enfant.

Surtout, faites en sorte que ce livre représente une expérience intéressante pour vos enfants.

En agissant ainsi, vous découvrirez que leur intérêt s'en trouvera stimulé, que leur vocabulaire s'élargira et que leur capacité d'expression s'améliorera.

* Un livre d'activités est également disponible, conçu pour offrir encore plus d'heures d'amusement aux enfants. Cet ouvrage reprend les mêmes mots, les mêmes personnages et situations que le livre principal dont nous avons parlé jusqu'à présent.

La famille

- Que fait la famille?
- Qui le grand-père porte-t-il?
- À qui appartient l'ourson que tient la grand-mère?
- Pourquoi le chien aboie-t-il?
- Selon toi, que va bientôt faire le chat?

David

Papa

Maman

Grand-père

Grand-mère

Bébé

Suzanne

Il est l'heure de se lever

- Où est Papa?
- Que fait Maman?
- Suzanne est-elle réveillée? Que fait-elle?
- Que veut faire Bébé?
- Où est David?
- Pourquoi David est-il sous le dessus-de-lit?
- Selon toi, que feront bientôt les enfants?

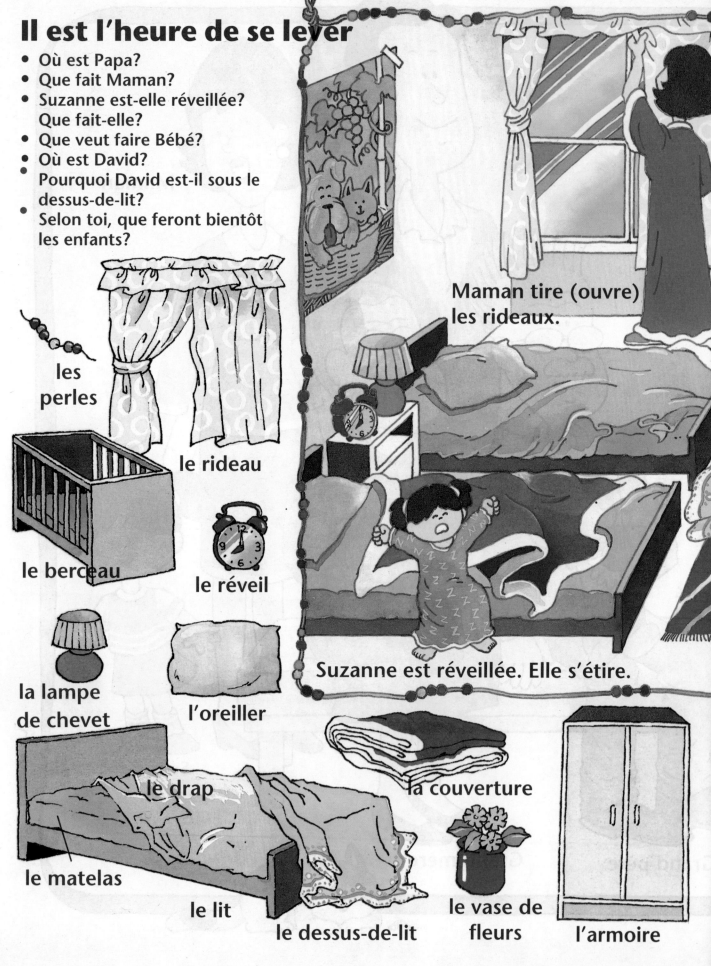

les perles

le rideau

le berceau

le réveil

la lampe de chevet

l'oreiller

Maman tire (ouvre) les rideaux.

Suzanne est réveillée. Elle s'étire.

le drap

le matelas

le lit

le dessus-de-lit

la couverture

le vase de fleurs

l'armoire

Papa est encore dans son lit

Bébé veut sortir de son berceau.

David est sous le dessus-de-lit.

les mouchoirs en papier

le ventilateur

le tableau

le pyjama

la commode

le tapis

la chemise de nuit

l'étirement

Habillons-nous

- Qui se peigne?
- Que pense David?
- Qui enlève son pyjama?
- Que fait Maman?
- Selon toi, qu'est-ce que Maman va mettre ensuite à Bébé?
- Selon toi, qui va s'habiller en dernier?

la culotte

le tricot de corps

les baskets/ les tennis

le blouson

les pantoufles

le jeans

la cravate

la chemise

le chemisier

David se demande ce qu'il va mettre.

la jupe

le short

la coiffeuse

le pantalon

les collants

la robe

le tee-shirt

le tabouret

10

Suzanne se peigne.

Papa enlève son pyjama.

Maman enfile à Bébé son tricot de corps.

les chaussures

la couche

le peigne

la brosse à cheveux

la casquette

a ceinture

les chaussettes

la glace/ le miroir

mettre/enfiler

enlever/ ôter

11

L'heure du petit-déjeuner

- Qui est en retard au petit-déjeuner?
- Que mange Suzanne?
- Qui boit du café?
- Que verse Maman?
- Ho! Qu'a fait Bébé?
- Selon toi, que va faire le chat?
- Selon toi, que mangera David au petit-déjeuner?

David est en retard pour le petit-déjeuner.

Papa boit son café.

Maman verse du jus de fruits

le broc de jus de fruits

le gobelet

le verre

le lait

la bouilloire

la théière

le toast

le pain

le sucre

la cafetière

le grille-pain

les céréales

l'œuf

les fruits

12

Suzanne mange un œuf.

Bébé a renversé le lait.

le beurre

le miel

manger

renverser

le pot de confiture

la casserole

le paillasson

boire

verser

En route pour l'école

- À qui Suzanne fait-elle signe?
- Vois-tu Aziz? Que fait-il?
- Comment David se rend-il à l'école?
- Comment les autres enfants vont-ils à l'école?
- Selon toi, que dit Maman à David et Suzanne?
- Selon toi, à quoi David et Aziz vont-ils jouer?

Aziz attend David.

Certains enfants vont à l'école en voiture.

David va à l'école à pied.

les amis

le cartable

le balai

le balayeur

la gourde

le portail

la poussette

la bicyclette

la voiture/ l'automobile

le ralentisseur

le passage-piétons

14

Certains enfants vont
à l'école en car.

Suzanne fait un
signe à Carole.

faire un signe
(à quelqu'un)

balayer

courir

marcher

aller à
bicyclette

attendre

le car de
ramassage

le trottoir

le bord

15

L'Heure de la leçon

- Que fait la maîtresse?
- Que fait David?
- Qui colorie les figures?
- Qui n'écoute pas l'histoire?
- Qui est assis à côté de Suzanne?
- Selon toi, que va dire la maîtresse à Aziz?
- Que feront Suzanne et Gita quand elles auront terminé leur travail?

les livres

les livres

le livre

le panneau

la maîtresse

le crayon

le papier

les crayons de couleurs

la corbeille à papier

la peinture

les ciseaux

les chiffres

les lettres

l'étiquette

la table

la chaise

Gita est assise à côté de Suzanne

Suzanne colorie des figures.

la chaise

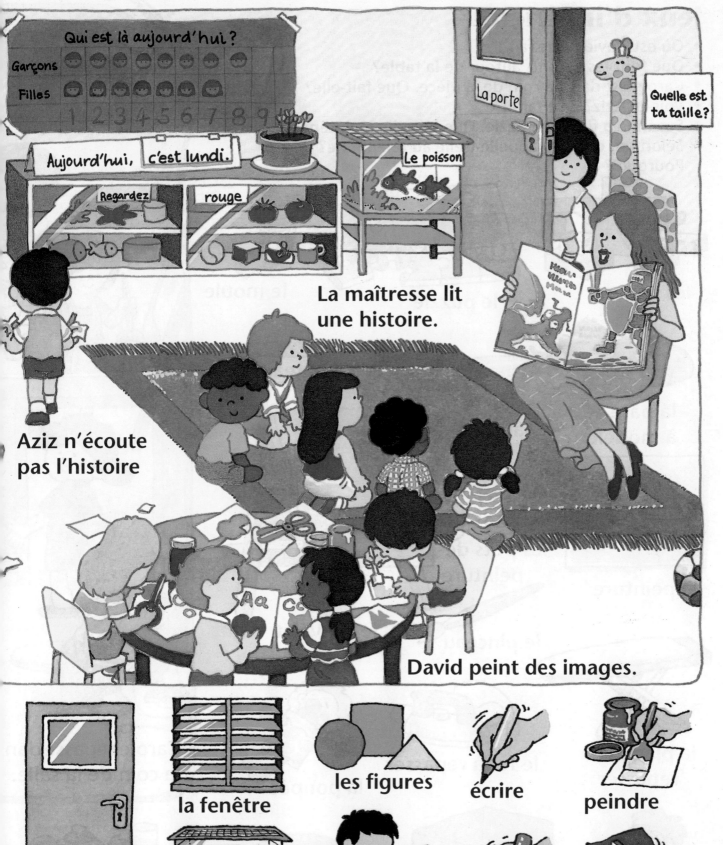

Qui est là aujourd'hui ?

Garçons

Filles

1 2 3 4 5 6 7 8 9

Aujourd'hui, c'est lundi.

Regardez   rouge

La porte

Le poisson

Quelle est ta taille?

La maîtresse lit une histoire.

Aziz n'écoute pas l'histoire

David peint des images.

la porte

la fenêtre

l'aquarium

les figures

lire

écrire

colorier

peindre

couper/
découper

17

Jeux d'intérieur

- Où est David? Que fait-il?
- Que font les enfants autour de la table?
- Carole est dans le coin de la pièce. Que fait-elle?
- Vois-tu Aziz? Que fait-il?
- Suzanne a fini son puzzle. Que fait-elle maintenant?
- Selon toi, qui Gita appelle-t-elle au téléphone? Pourquoi?

les cubes

le puzzle

le moule

la pâte à modeler

le rouleau à pâtisserie

le couteau

la peinture

les pots de peinture

le pinceau

le chevalet

Carole repasse dan le coin de la salle.

la planche à repasser

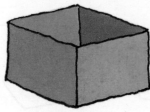

le fer à repasser

la poupée

la marionnette

la boîte

la petite voiture

le service à thé

18

David peint.

Les enfants jouent avec de la pâte à modeler.

Aziz joue avec les marionnettes.

Suzanne joue avec des cubes.

peindre

construire

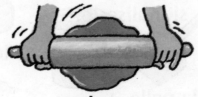

rouler

découper

Jeux d'extérieur

- Qui joue au ballon?
- Que fait Carole?
- Vois-tu Gita? Que regarde-t-elle?
- Que va faire Aziz?
- Qui fait des bulles?
- À quoi Gita jouait-elle avant d'apercevoir le ver de terre?
- Selon toi, à quoi Aziz jouait-il avant d'apercevoir la trottinette?

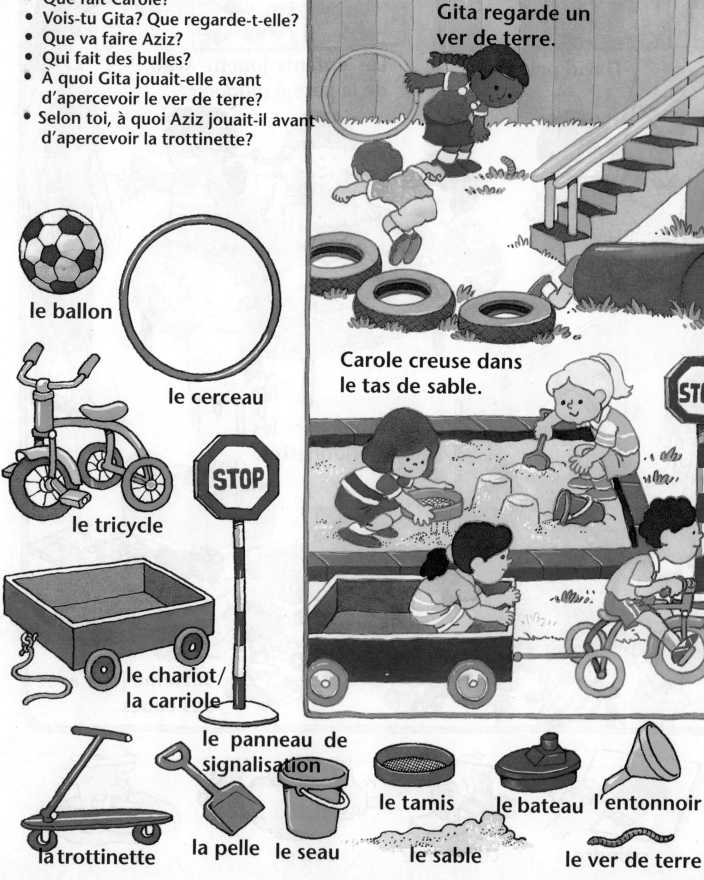

Gita regarde un ver de terre.

Carole creuse dans le tas de sable.

le ballon

le cerceau

le tricycle

le chariot/ la carriole

le panneau de signalisation

la trottinette

la pelle

le seau

le tamis

le bateau

l'entonnoir

le sable

le ver de terre

creuser

souffler

ramper

se balancer

aller à bicyclette

grimper

sauter

David joue
au ballon.

uzanne fait
les bulles.

Aziz va faire de
la trottinette.

la palissade

le tuyau

donner un
coup de pied

21

L'Heure du casse-croûte

- Que fait la maîtresse?
- Qui sert les boissons?
- Où est Suzanne? Que fait-elle?
- Qui est de service aujourd'hui?
- Qui aide à essuyer la table?
- Qu'ont bu et mangé les enfants pour leur casse-croûte?
- Ensuite, selon toi, que vont faire les enfants?

la timbale

les biscuits

la pomme

la banane

le torchon

l'insigne

la serviette

le tablier

la table roulante

l'assiette

le trognon de pomme

le sandwich

la pelure de banane

repousser

plein

vide

De service,
aujourd'hui

Caroline

Daniel

La maîtresse
mange avec
les enfants.

22

Mme Lee sert les boissons.

David et Carole sont de service aujourd'hui.

Suzanne repousse sa chaise.

Aziz aide à essuyer la table.

essuyer   laver   mordre   empiler

23

Bébé regarde
le lave-linge.

Grand-mère
cuisine.

David et Grand-père font
la vaisselle.

le réfrigérateur

l'évier

la fiche
électrique

les prises de
courant

la boîte
de conserve

les moules à
gâteaux

l'égouttoir

la cuillère
en bois

le mixeur

24

Dans la cuisine

- Que regarde Bébé?
- Qui cuisine?
- Que font Grand-père et David?
- Que font Maman et Suzanne?
- Que feront ensuite Maman et Suzanne de leurs gâteaux?
- Pourquoi David est-il debout sur un tabouret?
- Qu'aimes-tu faire dans la cuisine?

Maman et Suzanne font des gâteaux.

le bouton

le four

la cuisinière

la brosse

le balai à franges

la pelle

les cerises

la farine

le plat à gratin

la margarine

la panière à linge

la passoire

le bol du mixeur

le moule à gâteaux

le plat à friture

le torchon de cuisine

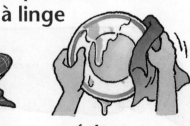

sécher

25

L'Heure du dîner

- Qui donne à manger à Bébé?
- Pourquoi David est-il mécontent?
- Que fait Suzanne?
- Qui apporte la salade de fruits?
- Qu'apporte Gita?
- Selon toi, qu'est-ce que la famille a mangé en premier?
- D'après toi, que vont-ils manger maintenant? David en prendra-t-il?

les légumes

les pâtes

Papa donne à manger à Bébé.

les croquettes de viande

la salade de fruits

la glace

la cuillière

Suzanne débarrasse.

la tasse

le set de table

la fourchette

le coussin

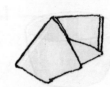

la soucoupe

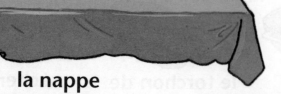

la nappe

le plateau

la serviette (de table)

David ne veut pas manger ses légumes.

Maman apporte la salade de fruits.

Gita apporte la glace.

le plat

le saladier

le buffet

la chaise haute

débarrasser

nourrir/ donner à manger

apporter

27

Dans la salle de bains

- Que fait David?
- Qui se rase?
- Où est Bébé?
- Que fait Suzanne?
- Selon toi, qui vient de prendre une douche?
- Selon toi, qui baignera Bébé?
- Te laves-tu tout seul?

la serviette de toilette

la douche

le gant de toilette

le lavabo

le rideau de douche

Papa se rase.

le rouleau de papier-toilette

le pot de chambre

la baignoire

le tapis de bain

les toilettes

David prend un bain moussant.

Suzanne se pèse.

Bébé est assis sur son pot.

le rasoir

l'éponge

la brosse à ongles

le robinet

le bouchon

le talc

la brosse à dents

le dentifrice

le savon

le pèse-personne/ la balance

se raser

Détendons-nous

- Qui regarde la télévision?
- À quoi les filles jouent-elles?
- Où est Bébé? Que fait-il?
- Que font Papa et Maman?
- Quelle heure est-il? Comment le sais-tu?
- Selon toi, que vont faire les enfants ensuite?

le téléviseur

le téléphone

le magnétoscope

le calendrier

le store

le jeu de société

la radiocassette

le dé

la cassette vidéo/
la vidéocassette

la cassette audio

la plante

le jouet

le fauteuil

le canapé

le tapis

le journal

la revue

David regarde la télévision.

Maman lit une revue.

Papa lit le journal.

Suzanne et Gita jouent à un jeu de société.

Bébé rampe vers son petit hélicoptére.

la pendule   les lunettes   la table basse   regarder   se rouler par terre

31

L'heure du coucher

- Où est Bébé?
- Qui raconte une histoire à David?
- Que fait Suzanne?
- Qui dort avec Suzanne?
- Selon toi, où dormiront Suzanne et Gita?
- Que fera Papa ensuite?

les étoiles

la lune

la barrette

le ruban

Bébé dort dans son berceau.

la bande dessinée

les adhésifs

le biberon

Gita dort avec Suzanne.

l'interrupteur

le bavoir

la tirelire

la bibliothèque   la photographie   le portemanteau   la lumière

32

Maman souhaite une bonne nuit à Suzanne.

Papa lit une histoire à David.

le mobile

la valise

embrasser

bâiller

les vêtements

dormir

C'est l'anniversaire de David. Il a cinq ans.

Maman allume les bougies.

Les enfants s'amusent beaucoup.

sourire

s'agenouiller

allumer

le foulard

les cadeaux

les guirlandes

le jeu de la queue de l'âne

Papa va prendre une photo.

Bon Anniversaire David!

- À qui souhaite-t-on son anniversaire?
- Quel âge a-t-il?
- Que fait Maman?
- Que va faire Papa?
- Que font les enfants?
  Selon toi, que feront ensuite les enfants?
- À quel jeu les enfants viennent-ils de jouer?

les saucisses

les noisettes

le gâteau

le flan

les bonbons

les petits chocolats

les cartes de vœux

la bougie

la boîte d'allumettes

la tarte aux fruits

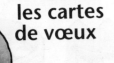

le ballon

le cotillon

le gâteau d'anniversaire

Quelle belle journée!

- Que fait Maman?
- Où est David?
- Que fait Grand-père?
- Qui tond la pelouse?
- Selon toi, qui a peint la palissade?
- Que peux-tu sentir dans le jardin?
- Quel temps préfères-tu?

la lessive

la corde à linge

la pince à linge

la branche

le tronc

la tondeuse à gazon

l'arbre

la brouette

David est dans la piscine gonflable avec Bébé.

Grand-père arrose le parterre de fleurs

la palissade

la tente

la pelouse

la peinture

la piscine gonflable

arroser

tondre

la fumée

le barbecue

le chapeau

la feuille

Benoît tond la pelouse.

Maman étend la lessive.

le pot
les graines
le fumier
la truelle
le tuyau d'arrosage
le râteau
les feuilles

David brosse
son chien.

Benoît siffle un
petit air à son
oiseau.

Serge rampe
derrière sa tortue.

gazouiller

caresser

la laisse

le collier   l'os

le poisson rouge   picorer   brosser   grignoter

38

Nos animaux en concours

- Que fait David?
- Qui siffle un petit air à son oiseau?
- Derrière qui Serge rampe-t-il?
- Combien de souris blanches Jacques possède-t-il?
  Que fait Suzanne?
- Selon toi, pourquoi les enfants ont-ils organisé ce concours?
- Selon toi, quel animal gagnera le concours?
  Quel animal aimerais-tu avoir?

Suzanne caresse son chat.

Jacques a deux souris blanches.

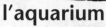

l'aquarium

le poisson rouge

la tortue

la tortue d'eau

l'oiseau

le perchoir

la souris blanche

la cage

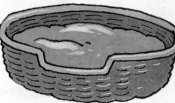

le panier

le premier prix

le lapin

les souris blanches

la carotte

Un concert à l'école

- Que font Suzanne et David?
- De quel instrument Carole et Aziz jouent-ils?
- Où est la maîtresse?
- Vois-tu Grand-père? Que fait-il?
- Que fait Gita?
- Selon toi, quel rôle Gita joue/interprète-t-elle?
- Pourquoi le garçon jette-t-il un coup d'œil de derrière les rideaux?

les touches/le clavier

le piano

le soldat

les xylophone

les grelots

la fée

le prince

la princesse

la grosse tête

la scène

le public

Carole et Aziz jouent du triangle.

La maîtresse joue du piano.

les baguettes

le tambour

le tambourin

le triangle

40

David et Suzanne
jouent.

Gita fait signe
à sa maman.

Grand-père applaudit.

la partition
de musique

s'incliner

faire
la révérence

applaudir

jeter un
coup d'œil

pleurer

41

Au fast-food

- Que fait la serveuse?
- Qui emporte un panier-repas?
- Où David et Aziz veulent-ils manger?
- Que mangent les filles?
- Qui mange un cheeseburger / sandwich au fromage?
- Selon toi, que se disent Papa
- et Maman?
- Selon toi, où s'assiéront-ils? Que semble vouloir Bébé?

le serveur

la serveuse

la glace

la crème au chocolat

les frites

la moutarde

le sirop de fram- boise

la sauce tomate

Serge mange un cheese burger/ sandwich au fromage.

le menu

le verre de lait

l'épi de maïs

le hamburger

le cheese burger/sandwich au fromage

42

La serveuse apporte une commande.

David et Aziz veulent manger à l'étage/en haut.

les escaliers

la fougère

le portefeuille

le glaçon

la paille

Oncle Fred emporte un panier repas.

Les filles mangent des glaces et des crêpes.

les serviettes en papier

le biscuit aux pommes

les petits salés

le hot dog

les crêpes

le panier-repas

43

Au supermarché

- Où est Papa?
- Qui Maman rencontre-t-elle?
- Que font Grand-père et Grand-mère?
- Que fait l'assistante de la caissière?
- Que va faire Papa?
- Selon toi, que veut acheter Serge?
- Selon toi, qui Gita attend-elle?

Grand-père et Grand-mère font leurs courses.

le panier

le chariot

le tourniquet

les rayonnages

le paquet de biscuits

le congélateur

le client / consommateur

la caissière

l'assistante (f)

le comptoir

44

Papa est à la caisse.

Maman a rencontré Mr. Nathan.

L'assistante empaquette les achats.

le carton de jus de fruits

le sachet de riz

la gâteau

le baril de lessive

la nourriture pour chats

l'argent

la caisse

le sac à provisions

le poulet

empaqueter

Au centre commercial

- Qu'achète Maman?
- Où va Papa?
- Que font David et Benoît?
- Qui vois-tu dans l'ascenseur? Suzanne est-elle dans le centre commercial? Que fait-elle?
- Selon toi, où vont Grand-père, Grand-mère et Bébé? Que fait
- Madame Lee? Achètera-t-elle les chaussures bleues?

Papa va au parking

Le magasin

la montre

l'ascenseur

la raquette

les cartes postales

le tissu

le papier-cadeaux

le vendeur

la vendeuse

la voiture télécommandée

le stylo

46

David et Benoît regardent
le magasin de jouets.

Maman achète
du tissu

Grand-père et
Grand-mère
sont dans
l'ascenseur.

Suzanne regarde
des montres.

les
boucles d'oreilles

le collier

regarder
(quelque chose)

le lave-linge

l'appareil
photographique

le robot

essayer

en bas

en haut

47

Au parc des oiseaux

- Où est oncle Georges?
- Que veut tante Julie?
- Qui a trouvé un pélican?
- Qu'a trouvé David?
- Que font Suzanne et Pauline?
- Comment les familles arrivent-elles à la volière?
- Selon toi, qu'a pris le martin-pêcheur?
- Quel oiseau irais-tu voir? Pourquoi?

Oncle Georges est à l'entrée du parc.

Eric a trouvé un pélican.

Tante Julie veut que tout le monde regarde le paon.

la volière

l'entrée

le perroquet

le flamant rose

le pigeon

le pélican

la plume

le poussin

la poule

le tramway

le pont

48

Suzanne et Pauline regardent les perroquets.

Daniel a trouvé une plume.

le martin-pêcheur

le bec

le perchoir

la cascade

le paon

l'ibis

la paonne

l'oie

l'aile

les oies

voler

49

Au zoo

- Que font David et Eric?
- Quel animal est assis près de Maman et Suzanne?
- Qui porte un lionceau?
- Que fait Pauline?
- Selon toi, que dit Jacques à propos des hippopotames? . Penses-tu que Papa aime les serpents?
- Qu'aimes-tu faire au zoo?

Daniel et Eric font un tour à dos de dromadaire

le dromadaire

les cornes

les rayures

l'orang-outan

le zèbre

le singe

la girafe

l'hippopotame

le crocodile

le gardien de zoo

Maman et Suzanne
sont assises près de
l'orang-outan.

Le gardien de
zoo porte
un lionceau.

Pauline parle
au singe.

les taches

la crinière

la langue

le léopard

le serpent

la queue

le lion

le lionceau

le tigre

le rocher

À la plage

- Où est Maman?
- Que cherche Gita?
- Qui vois-tu en train de pêcher?
- Qu'a fait Suzanne?
  Selon toi, que veut-elle faire?
  Pourquoi Aziz semble-t-il si joyeux?

le canoë

le masque

le frisbee

les pagaies

le frisber

le tuba

les palmes

Maman est assise sur le sable.

Gita cherche des coquillages.

Suzanne a fait un château de sable.

le poisson

les vagues

le bernard-l'hermite

la mer

la canne à pêche

l'épuisette

le coquillage

le château de sable

les galets

le crabe

l'étoile de mer (f)

les algues

Aziz et Daniel pêchent.

faire de la planche à voile

pêcher

prendre un bain de soleil /
se faire bronzer

Au cirque

- Vois-tu Suzanne et David? Que fait la famille?
- Où est le cirque?
- Quels animaux les jeunes femmes montent-elles?
- Où se trouvent les trapézistes?
- Que conduit le clown triste?
- Selon toi, pourquoi le clown est-il triste?
- Qui est dans le canon? Que va-t-il se passer?

Le cirque est sous un grand chapiteau.

Les jeunes femmes montent à cheval, à cru.

le trapèze

les trapézistes

le fouet

le directeur du cirque

le clown

l'échelle de corde

le mât

la piste du cirque

le chapiteau

le canon

le chapeau haut de forme

le monocycl

les spectateurs

54

Les trapézistes sont au-dessus de la piste.

La famille regarde les numéros de la troupe.

Le clown triste conduit un monocycle.

la coiffure

la cavalière à cru

la barbe à papa

joyeux

l'éléphant

le cheval

les pop-corn

triste

Sur le terrain de jeux

- Qui est sur la balançoire à bascule avec Gita?
- Avec qui David joue-t-il?
- Où est Grand-mère? Que fait-elle?
- Qu'essaye de faire Pauline?
- Que va faire Jacques?
- Selon toi, à quoi Benoît jouait-il avant de monter sur l'arbre à singes?
- À quoi Suzanne aura-t-elle envie de jouer ensuite? Où sont Papa et Maman?

le buisson

le tourniquet

la balançoire

le cerf-volant

la balançoire à bascule

la batte

la cage à écureuils

le skateboard

le toboggan

les patins à roulettes

Jacques va essayer son skateboard.

la marelle

la corde à sauter

le banc public

les billes

Grand-mère parle avec Mme Lee.

sur

sous

l'arbre à singes

poursuivre

à travers

parler

tirer

sauter à la corde

sautiller

Suzanne est sur la balançoire à bascule avec Gita.

David joue aux billes avec Grand-père.

Pauline essaye ses patins à roulettes.

57

Au parc

- Que font Papa et Suzanne?
- Que regarde David?
- Que trouve Carole?
- Qui court?
- Que veut voir Bébé?
- Selon toi, que veulent les canards?
- Selon toi, qu'est-ce que Benoît dit à David?

le nid

la toile d'araignée

l'araignée

le canard

le caneton

la grenouille

la libellule

la fleur

le cygne

le papillon

la chenille

la fourmi

l'abeille

la sauterelle

l'escargot

le parterre / la platebande

les têtards

Bébé veut voir les canards.

Caroline a trouvé une chenille.

Papa et Suzanne donnent à manger au cygne.

Mr. Nathan court.

David regarde les têtards.

l'herbe

le cadran solaire

la haie

le nénuphar

la fontaine

59

À la ferme

- À quel animal Suzanne veut-elle donner à manger?
- Que fait la vache marron?
- Que fait le fermier?
- Où sont David et Eric?
- Selon toi, où va le fermier?
- Quels bruits peux-tu entendre dans une ferme?

la colline

l'arbre fruitier (m)

le champ

la porcherie

le fermier

le foin

la ruche

la mare

le poulailler

le cochon

le mouton

le dindon

l'agneau

le puits

la ferme

la grange

la remorque

le tracteur

Suzanne veut donner à manger à /nourrir l'âne.

La vache marron boit dans la mare.

David et Eric sont dans la remorque.

Le fermier conduit le tracteur.

l'âne   le coq   le bouc   la vache   le veau   le taureau

À la piscine

- Où est Papa?
- Où vont Suzanne et Gita?
- Qui plonge?
- Quels garçons prennent une leçon de natation?
- Qui fait la course avec Benoît?
- Selon toi, que fait le maître nageur?
- Selon toi, Serge sait-il nager?

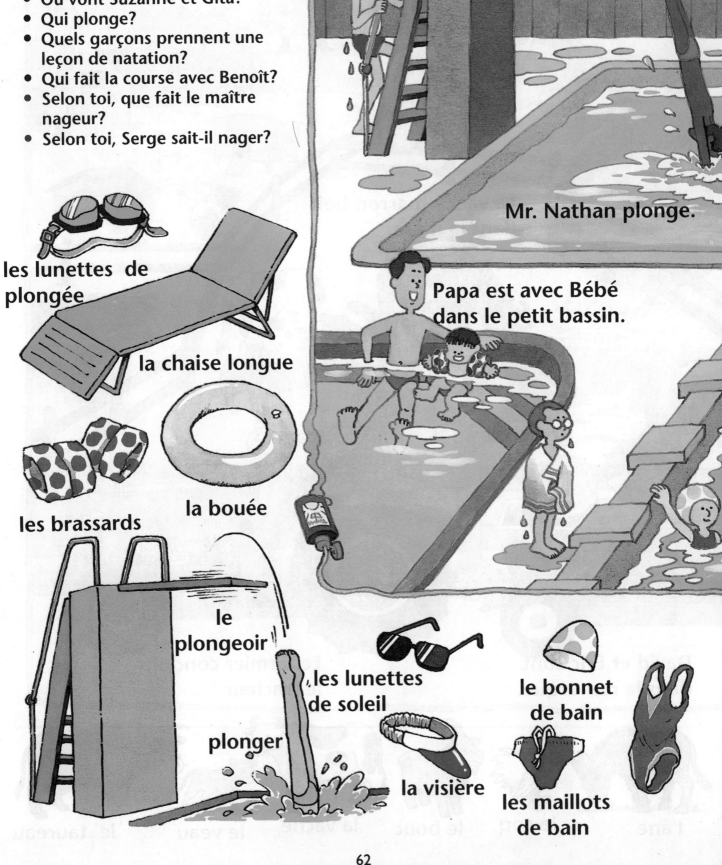

Mr. Nathan plonge.

Papa est avec Bébé dans le petit bassin.

les lunettes de plongée

la chaise longue

les brassards

la bouée

le plongeoir

plonger

les lunettes de soleil

la visière

le bonnet de bain

les maillots de bain

62

David et Aziz prennent
une leçon de natation.

Suzanne et Gita s'éclaboussent.

Jacques fait
la course
avec Benoît.

la crème
solaire

le parasol

le maître nageur

le chronomètre

(s') éclabousser

nager

Le bibliothécaire tamponne les livres.

Jacques attend de pouvoir emprunter un livre.

Gita rend ses livres.

Maman aide Suzanne à choisir un livre.

(faire) la queue

tamponner

à l'envers

recopier

le livre cartonné

À la bibliothèque

- Que fait Maman?
- Qui regarde un livre sur les grenouilles?
- Qui rend ses livres?
- Pourquoi Jacques attend-il?
- Vois-tu le bibliothécaire? Que fait-il?
- Pourquoi Bébé regarde-t-il son livre à l'envers?
- Selon toi, que pourrait-il arriver à Aziz?

David regarde un livre sur les grenouilles.

la bibliothécaire

la pile de livres

la couverture

la page

le livre animé

le livre grand-format

la fusée

le poster

l'ordinateur

le livre à caches

l'escabeau

65

Le facteur conduit un scooter.

Le facteur remet une lettre à Gita.

Grand-père va poster un paquet/ un colis.

Le facteur vide la boîte aux lettres.

Le facteur

- David et Suzanne regardent le facteur. Que fait-il? .
  Pourquoi Gita est-elle joyeuse?
- Qui conduit un scooter?
- Que va faire Grand-père?
- Qui d'autre encore se rend au bureau de poste?
- Qu'achèteront-ils au bureau de poste?

le bureau de poste

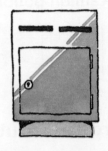
la boîte aux lettres

le scooter

la sacoche

le fourgon postal

la lettre par avion

la boîte aux lettres

le paquet /
le colis

le récépissé

la lettre   l'enveloppe

le timbre

le trousseau de clefs

distribuer le
courrier

le facteur

la boîte
aux lettres

L'éboueur

- Que font les éboueurs?
- Où jettent-ils les déchets?
- Qui ramasse un papier sale?
- Que fait David?
- Pourquoi le chien de David aboie-t-il?
- Selon toi, pourquoi la voiture rouge dépasse-t-elle le camion-poubelle?

le bord de la route

les déchets / les détritus

les papiers sales

la poubelle

les gants

les bottes

la salopette

David porte un sac-poubelle.

Serge ramasse un papier sale.

le camion-poubelle

l'éboueur

les éboueurs

68

Les éboueurs
ramassent
les poubelles.
Ils jettent les déchets
dans la benne.

lourd

crier

le fagot de bois

léger

aboyer

ramasser

jeter

dépasser

69

L'agent de police

- Que montre l'agent de police à Aziz et David?
- À qui Papa parle-t-il?
- Que fait l'agent de police qui porte des mouffles? .
  Qui est dans le bureau du poste de police?
- Selon toi, pourquoi l'homme qui est au poste de police porte-t-il des menottes?
- Selon toi, où va la voiture de police?

Un agent de police est assis au bureau.

Papa parle avec le motard.

le poste de police

l'agent de police

le motard

le réverbère

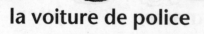

la voiture de police

l'agent de police

les agents de police

L'agent de police montre son sifflet à Aziz et à David.

L'agent de police dirige la circulation.

les mouffles

le talkie-walkie

la casquette

la matraque

le sifflet

le badge

le carnet de notes/ le calepin

les menottes

les boutons

le camion

Il y a deux camions-autopompes pour éteindre l'incendie.

David et ses amis regardent les pompiers.

Le pompier

- Qui David et ses amis regardent-ils?
- Combien d'autopompes y a-t-il pour éteindre le feu / l'incendie?
- Où le feu / l'incendie a-t-il pris ?
- Vois-tu le pompier qui tient le haut-parleur? Que dit-il à la foule?
- Pourquoi le pompier serre-t-il la main à Jacques?
- Selon toi, qu'ont fait David et ses amis?

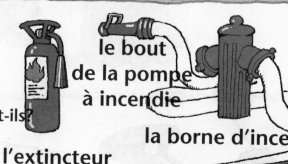

le bout de la pompe à incendie

le haut-parleur

la borne d'incendie

l'extincteur

le projecteur

l'autopompe

L'incendie a pris dans l'immeuble.

Le pompier dit à la foule de rester en arrière.

la civière

le haut-parleur

la trousse de secours

le casque de pompier

les bouteilles d'oxygène

le masque à oxygène

les flammes

l'ambulance

la hache

la veste de pompier

le pompier

les pompiers

Le chef de chantier

- Où sont les ouvriers?
- Qui regarde les plans?
- Que fait le camion à benne basculante?
- Qui Grand-père connaît-il?
- Pourquoi tous les ouvriers portent-ils des casques de protection?
- Penses-tu que David et ses amis aimeraient visiter le chantier de construction? Pourquoi ne peuvent-ils pas entrer?
- Selon toi, que construisent les ouvriers?

Le camion à benne basculante décharge du sable.

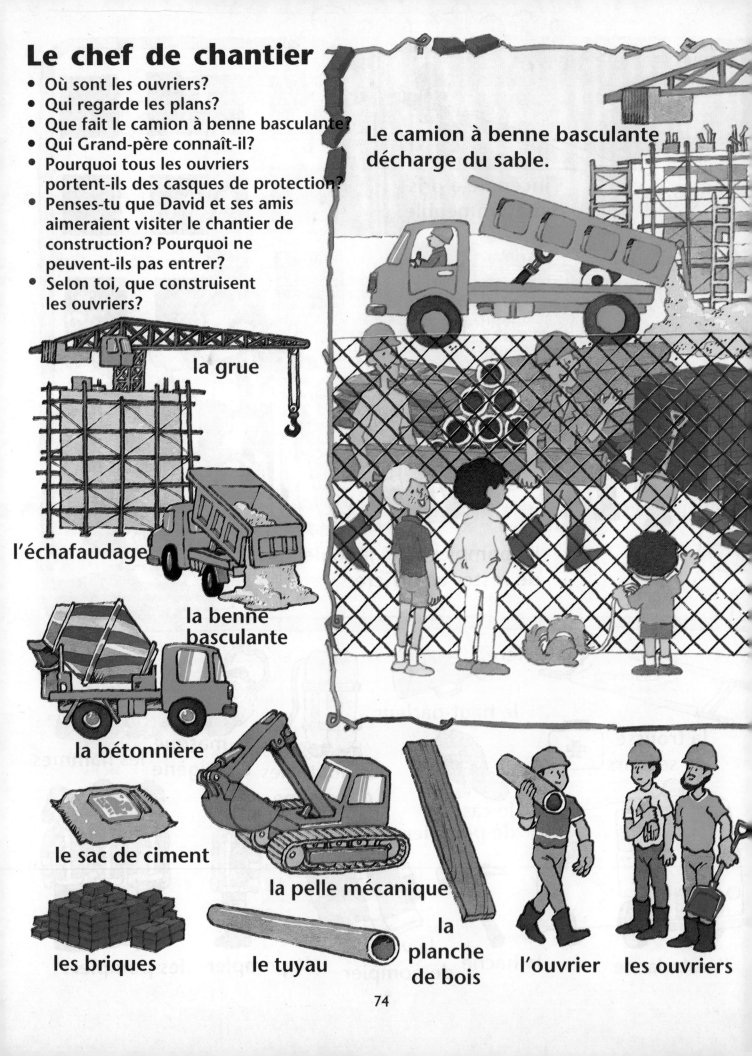

la grue

l'échafaudage

la benne basculante

la bétonnière

le sac de ciment

la pelle mécanique

les briques

le tuyau

la planche de bois

l'ouvrier

les ouvriers

74

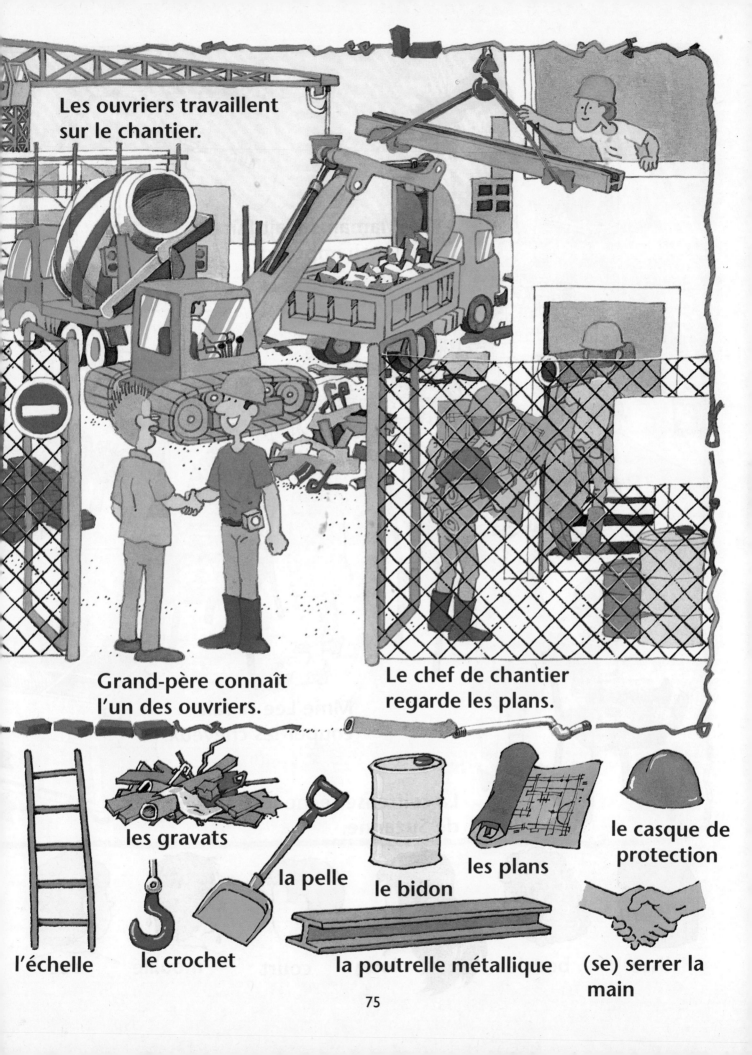

Les ouvriers travaillent sur le chantier.

Grand-père connaît l'un des ouvriers.

Le chef de chantier regarde les plans.

les gravats

l'échelle

le crochet

la pelle

le bidon

les plans

la poutrelle métallique

le casque de protection

(se) serrer la main

Maman se fait faire un shampoing.

Mme Lee se fait couper les cheveux.

La coiffeuse sèche les cheveux de Suzanne.

lisse   bouclé   long   court   mouillé   sec

La coiffeuse et le coiffeur

- Qui se fait faire un shampoing?
- Qui se fait couper les cheveux?
- Qui sèche les cheveux de Suzanne?
- Que fait le coiffeur?
- Selon toi, pourquoi Suzanne et David se font-ils couper les cheveux? Qui aura fini en premier?

la permanente

le casque à cheveux

la coiffeuse

le sèche-cheveux

Le coiffeur peigne les cheveux de David.

le coiffeur

le bigoudi

la crème pour les cheveux

le shampoing

les cheveux

la frange

le miroir

le filet à cheveux

la laque

la serviette

77

Le dentiste

- Que va faire le dentiste?
- Qui examine la radiographie?
- Où est Suzanne?
- Quel est le problème de l'homme assis dans la salle d'attente?
- Selon toi, qui passera ensuite?
- Selon toi, David aime-t-il aller chez le dentiste? Sais-tu dire pourquoi?

Cet homme a mal aux dents.

Suzanne est dans la salle d'attente.

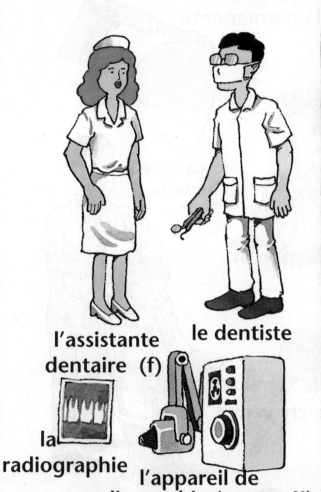

l'assistante dentaire (f)

le dentiste

la radiographie

l'appareil de radiographie (rayons-X)

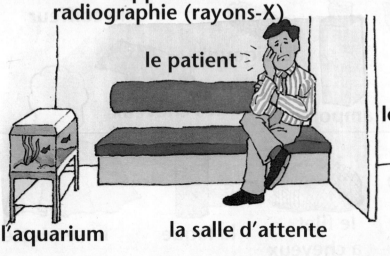

le patient

l'aquarium

la salle d'attente

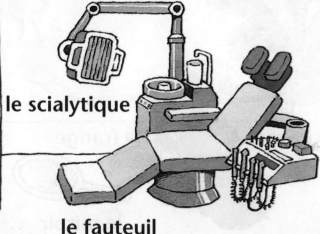

le scialytique

le fauteuil

78

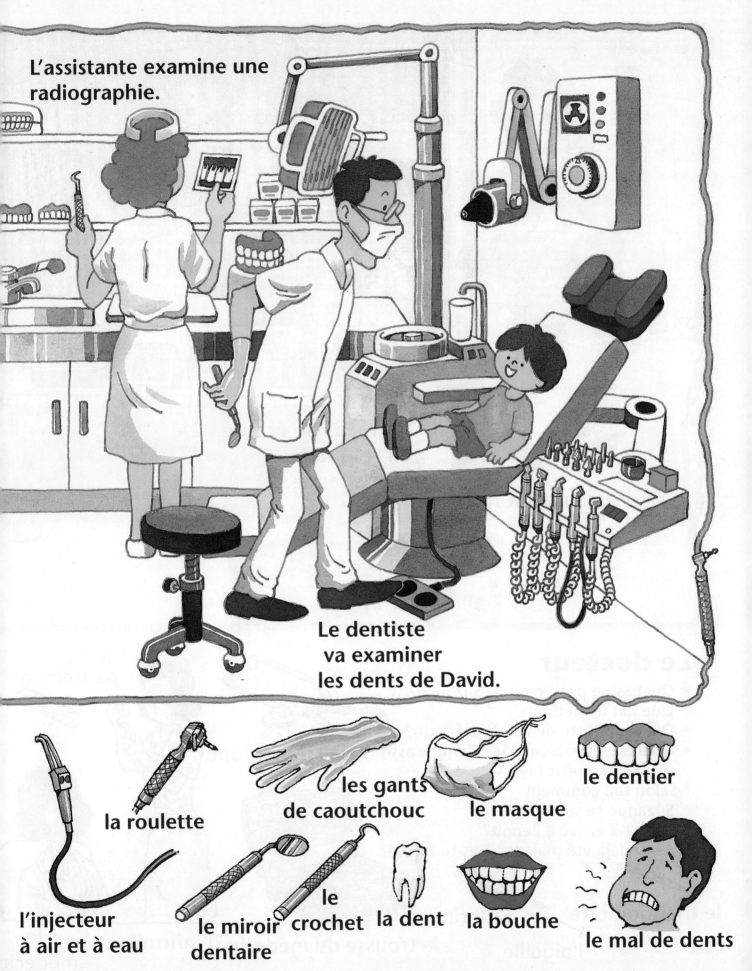

L'assistante examine une radiographie.

Le dentiste va examiner les dents de David.

la roulette

les gants de caoutchouc

le masque

le dentier

l'injecteur à air et à eau

le miroir dentaire

le crochet

la dent

la bouche

le mal de dents

Le médecin écoute
la respiration
de Suzanne.

Suzanne est malade.

Le docteur

- Quel est le problème de Suzanne?
- Que fait le médecin?
- Qui vient juste de voir le médecin?
- Quel est le problème de la femme assise sur la banquette?
- Selon toi, comment Suzanne se sent-elle?
- Qu'est-il arrivé à Benoît?
- As-tu déjà été malade? T'es-tu blessé?

le pansement

le stéthoscope

le thermomètre

la seringue

l'aiguille

la trousse du médecin

l'infirmière

le médecin

Cette femme a un mauvais rhume.

la poitrine

le comprimé

les médicaments

le mouchoir

Mr. Nathan vient juste de voir le médecin.

la torche

l'abaisse-langue

le haricot

le coton

le tableau de lecture

la toise

la banquette

le bandage

l'écharpe

éternuer

81

Faisons un tour en voiture

- Qui va faire un tour en voiture avec Papa?
- Que fait Benoît?
- Quelle est la voiture qui roule vite?
- À qui Grand-père parle-t-il?
- Qu'a acheté oncle Fred?
- Selon toi, pourquoi Mr. Nathan court-il?

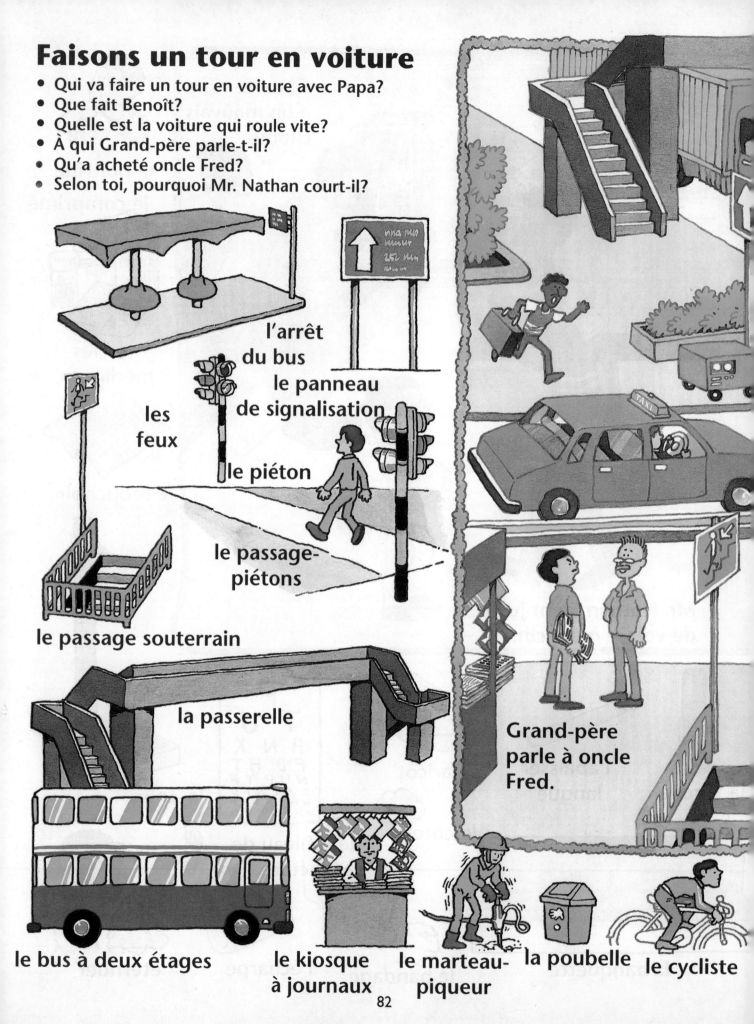

l'arrêt du bus

le panneau de signalisation

les feux

le piéton

le passage-piétons

le passage souterrain

la passerelle

Grand-père parle à oncle Fred.

le bus à deux étages

le kiosque à journaux

le marteau-piqueur

la poubelle

le cycliste

82

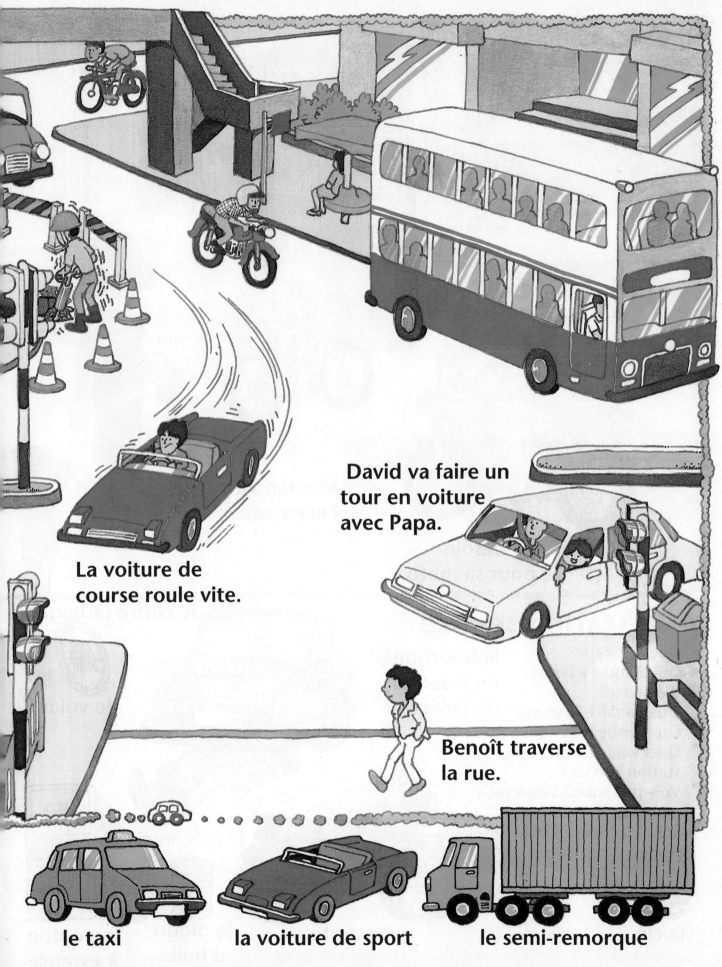

David va faire un
tour en voiture
avec Papa.

La voiture de
course roule vite.

Benoît traverse
la rue.

le taxi

la voiture de sport

le semi-remorque

83

Maman va payer l'essence.

Oncle Fred a besoin d'essence pour sa moto.

À la station-service

- Que fait Papa?
- Qui d'autre a besoin d'essence?
- Que va faire Maman?
- Qui gonfle les pneus?
- Quel véhicule quitte la station-service?
- Vois-tu Benoît? Selon toi, que veut-il?
- Selon toi, à qui David fait-il signe?

le bouchon du réservoir d'essence

le coffre (à bagages)

le volant

le mécanicien

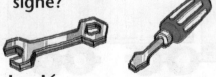

la clé

le tournevis

la moto

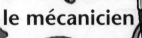

le bidon d'huile

la pompe à essence

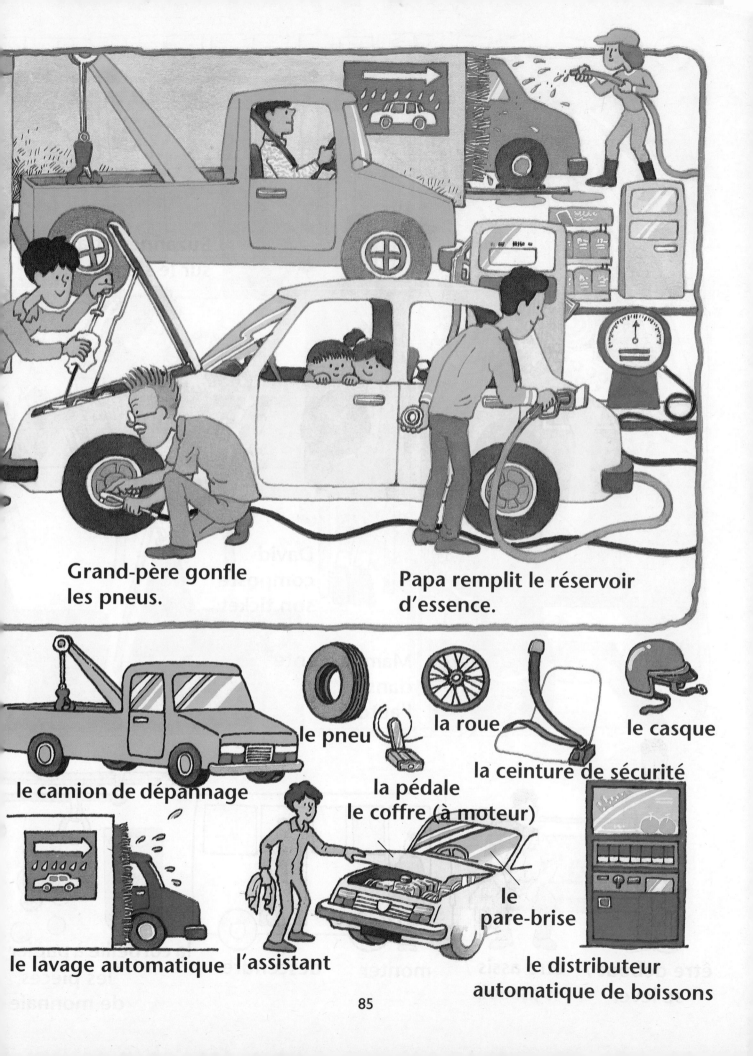

Grand-père gonfle
les pneus.

Papa remplit le réservoir
d'essence.

le camion de dépannage

le pneu

la roue

le casque

la ceinture de sécurité

la pédale

le coffre (à moteur)

le pare-brise

le lavage automatique

l'assistant

le distributeur
automatique de boissons

Suzanne est assise sur le siège avant.

David composte son ticket.

Maman monte dans l'autobus.

être debout / se lever

être assis / s'asseoir

monter

descendre

la corbeille à papier

les pièces de monnaie

86

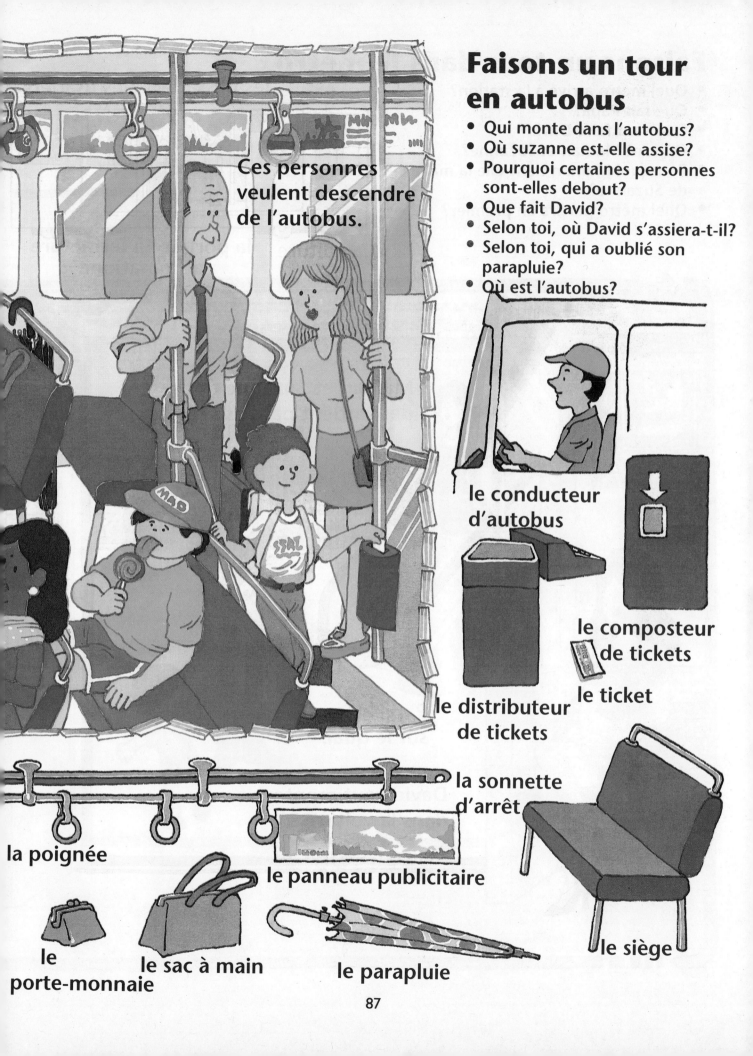

Faisons un tour en autobus

- Qui monte dans l'autobus?
- Où suzanne est-elle assise?
- Pourquoi certaines personnes sont-elles debout?
- Que fait David?
- Selon toi, où David s'assiera-t-il?
- Selon toi, qui a oublié son parapluie?
- Où est l'autobus?

Ces personnes veulent descendre de l'autobus.

le conducteur d'autobus

le composteur de tickets

le ticket

le distributeur de tickets

la sonnette d'arrêt

la poignée

le panneau publicitaire

le siège

le porte-monnaie

le sac à main

le parapluie

87

Faisons un tour dans le métro

- Quel métro arrive à la station?
- Que fait Papa?
- Que veut faire David?
- Où sont Maman et Suzanne?
- Pourquoi Maman tient-elle la main de Suzanne?
- Quel métro partira en premier?

les passagers /les usagers

la voiture

la portière à fermeture automatique

Maman et Suzanne descendent par l'escalator

Papa attend sur le quai.

David veut monter dans la voiture.

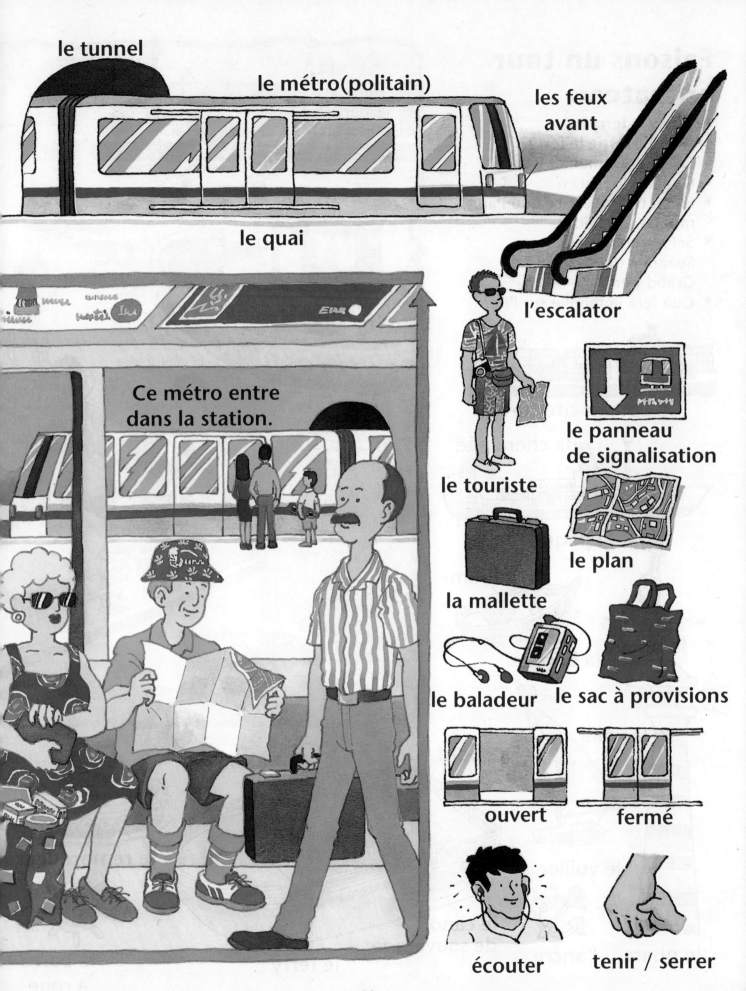

le tunnel

le métro(politain)

les feux avant

le quai

l'escalator

Ce métro entre dans la station.

le panneau de signalisation

le touriste

le plan

la mallette

le baladeur

le sac à provisions

ouvert

fermé

écouter

tenir / serrer

89

Faisons un tour en bateau

- Où va le ferry?
- Qui gouverne le ferry?
- Où sont Maman et Bébé?
- Que fait le marin?
- Selon toi, qu'est-ce que Papa montre à David?
- Selon toi, qu'est-ce que Suzanne demande à Grand-père?
- Que fera la famille sur l'île?

le bateau-citerne

la cheminée

le paquebot

la rame

la bouée

la barque

la voile

le pont

la cabine

le voilier

le remorqueur

le phare l'ancre

le canot de sauvetage

le ferry

la barre à roue

Le ferry va
vers l'île.

Le pilote
gouverne le ferry.

Maman et Bébé
sont dans la cabine.

Le marin contrôle
le canot de sauvetage.

le drapeau

le bout /
le cordage

la mouette

la jetée   l'île

le pilote

le marin

indiquer/montrer
du doigt

ramer

91

À la gare

- Que fait Grand-père?
- Que peuvent voir Benoît et David?
- Quel train part?
- Que fait Papa?
- Vois-tu Grand-mère, Maman, Suzanne et Bébé? Que font- ils?
- Selon toi, où vont-ils?

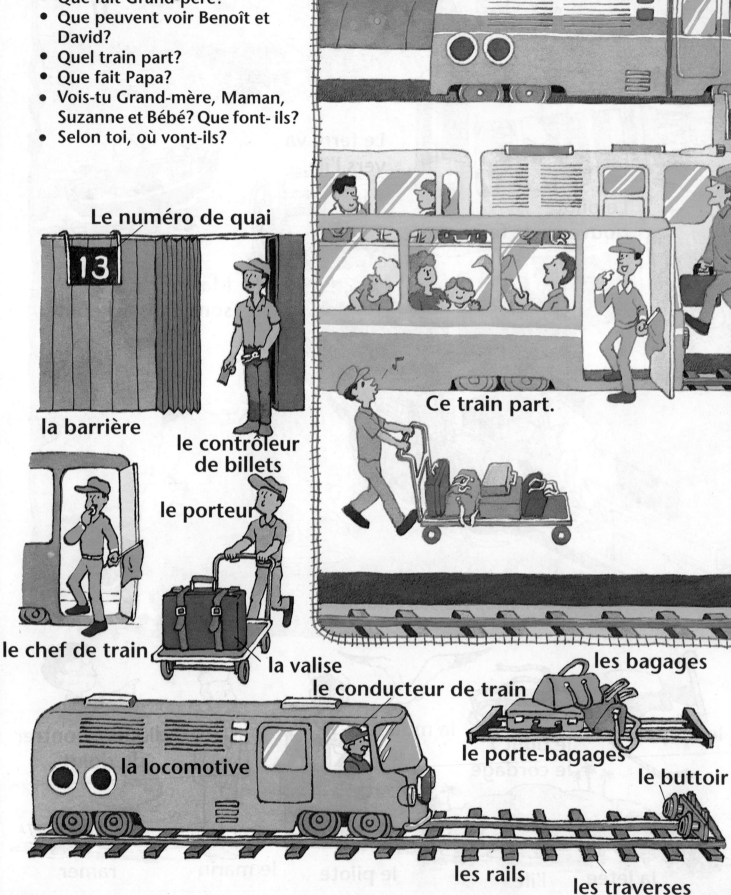

Le numéro de quai

la barrière

le contrôleur de billets

le porteur

le chef de train

la valise

Ce train part.

le conducteur de train

les bagages

le porte-bagages

la locomotive

le buttoir

les rails

les traverses

Benoît et David peuvent voir la locomotive.

Grand-père regarde le panneau d'affichage des horaires.

Papa parle avec le contrôleur de billets.

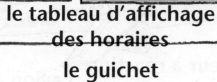

le tableau d'affichage des horaires

le guichet

la salle d'attente

arriver en gare

partir

L'avion bleu décolle.

David peut voir le pilote.

À l'aéroport

- Que peut voir David?
- Que fait l'hôtesse de l'air?
- Quel avion est en train d'atterrir?
- Que fait l'avion bleu?
- Selon toi, quel avion décollera ensuite?
- Pourquoi l'autobus et le chariot à bagages sont-ils vides? Où vont-ils?
- Selon toi, que fait Eric?

le hangar

la tour de contrôle

le chariot à bagages

l'aile

l'aileron/la dérive

l'hélice

le moteur à réaction

l'avion

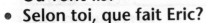

l'autobus de l'aéroport

l'hélicoptère

94

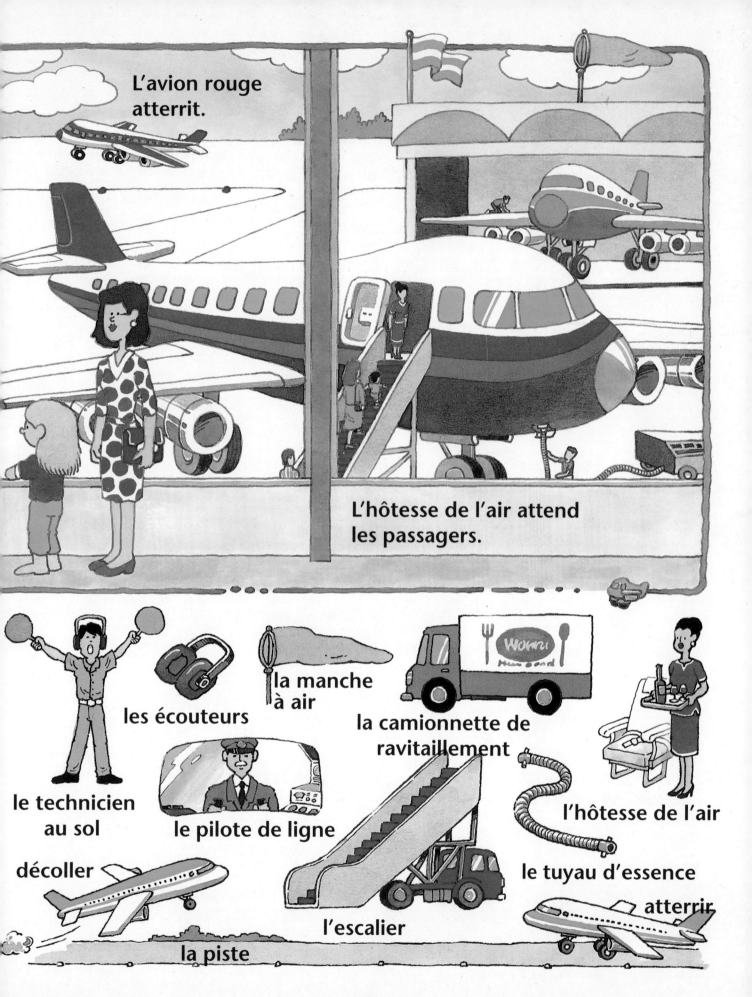

L'avion rouge
atterrit.

L'hôtesse de l'air attend
les passagers.

les écouteurs

la manche
à air

la camionnette de
ravitaillement

le technicien
au sol

le pilote de ligne

l'hôtesse de l'air

décoller

l'escalier

le tuyau d'essence

atterrir

la piste